AF339710

DISCOURS

PRONONCÉ LE 20 SEPTEMBRE 1866

DANS L'ÉGLISE D'ANNECY-LE-VIEUX

A LA BÉNÉDICTION DU MARIAGE

DE M. ÉMILE BOUVIER

AVEC

MLLE CÉSARINE GIROD

PAR

M. L'ABBÉ CHATEL

Missionnaire

ANNECY

IMPRIMERIE DE CHARLES BURDET

—

1866

DISCOURS

PRONONCÉ LE 20 SEPTEMBRE 1866

DANS L'ÉGLISE D'ANNECY-LE-VIEUX

A LA BÉNÉDICTION DU MARIAGE

DE M. ÉMILE BOUVIER

AVEC

Mlle CÉSARINE GIROD

PAR

M. L'ABBÉ CHATEL

Missionnaire

ANNECY

IMPRIMERIE DE CHARLES BURDET

—

1866

Quel gracieux tableau, quelle scène ravis-
sante vous offrez en ce moment aux anges du
ciel et à vos amis de la terre ! L'union sacrée et
indissoluble que vous venez demander au grand
sacrement, symbole mystérieux de l'union de
Jésus-Christ avec son Église ; cette union si
suave pour vos cœurs n'est point un jeu du
hasard ni un simple caprice de vos volontés,
mais elle est une preuve éclatante des délicates
attentions et du tendre amour de la divine Providence à votre égard. Vous vous êtes rencon-
trés, dans l'immensité du temps et de l'espace, à

travers les chances innombrables de la création. D'abord vous ne vous connaissiez pas ; mais un regard, une parole a suffi ! Vous vous êtes reconnus comme si vous vous fussiez donné rendez-vous de toute éternité, et vous vous êtes aussitôt si puissamment aimés, que vous n'avez plus voulu vivre séparés. Ah ! c'est que le Dieu infiniment sage, infiniment bon, qui fit Ève pour Adam, Sara pour Tobie, Rachel pour Jacob, vous fit aussi l'un pour l'autre. Dès le jour de votre création il plaça dans vos cœurs cet aimant mystérieux dont la puissante attraction doit non-seulement rapprocher vos existences, mais les unir et les confondre dans une même vie. Oui, l'homme laissera tout ce qu'il a de plus cher pour adhérer à son épouse, et ils seront deux dans une même vie : *Et erunt duo in carne unâ !*

L'alliance que vous contractez en ce jour au pied des saints autels n'est donc que l'exécution des plans admirables de la Providence ; et votre vie désormais ne devra être que le développement, que le perfectionnement de ces mêmes bienveillance duquel je dois l'insigne bonheur de bénir votre union.

Vous bénir, vous, mon cher Monsieur Emile, que j'ai toujours tant aimé ; vous, Madame, que Dieu a si richement dotée de tous les charmes de la nature et de la grâce ; vous bénir, vous, jeunes époux, espérance, ornement, joie de vos familles ! vous qui devez perpétuer dans ma paroisse de Saint-Félix le nom, les vertus et les bienfaits d'un époux, d'une épouse, d'un père, d'une mère trop tôt ravis à l'affection, à l'admiration universelle ; vous bénir, oh! quel bonheur pour moi ! quel bonheur pour tous ceux qui vous entourent ici ! Daignent Joseph et Marie, patrons des époux chrétiens, joindre leur bénédiction aux nôtres ! Daigne la divine Victime que je vais immoler en votre nom consacrer, féconder toutes ces bénédictions par son sang adorable, afin qu'elles vous accompagnent durant toute votre vie, jusque dans l'éternité.

Ainsi soit-il.

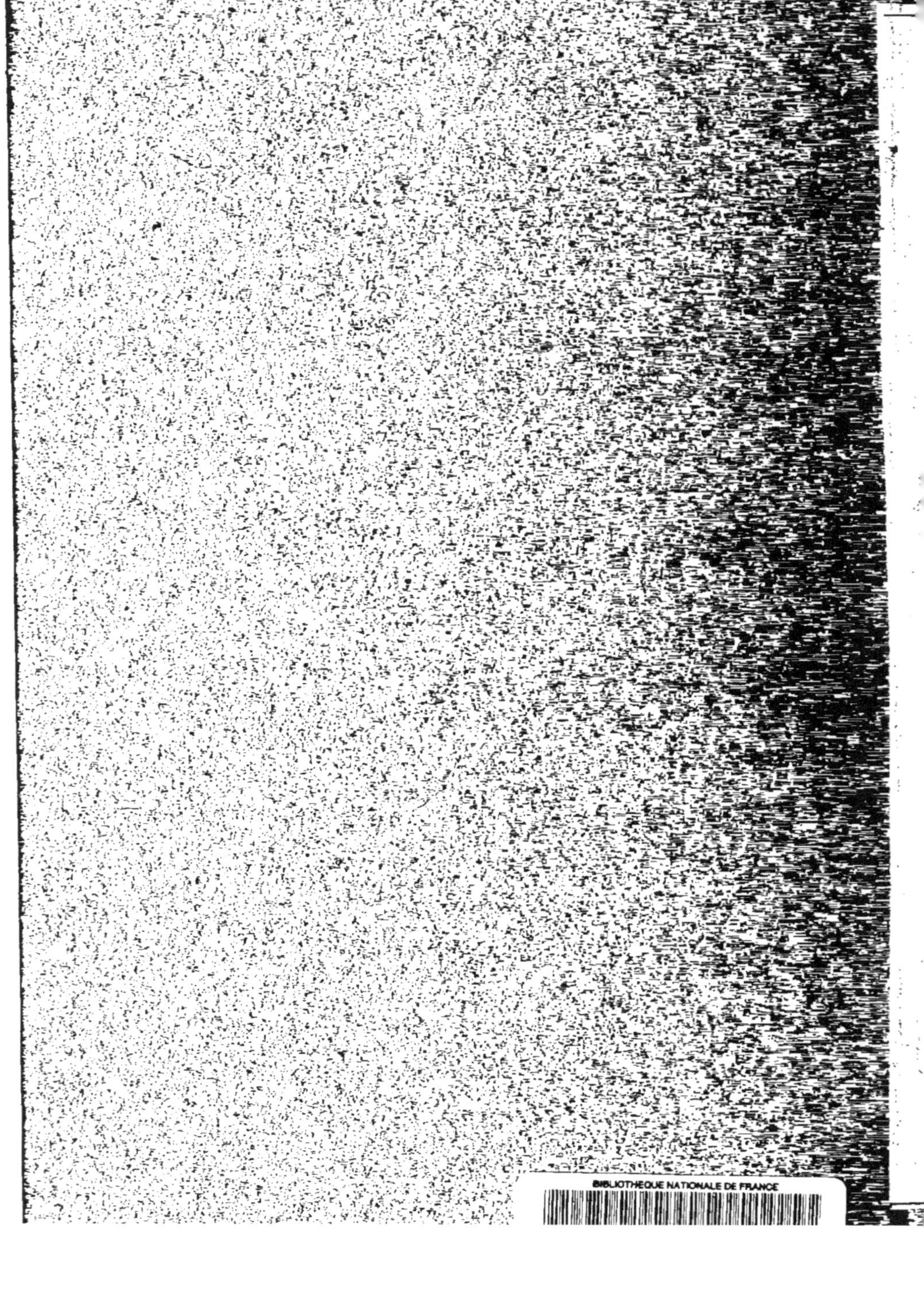